JN437850

어머니 흉내를 내며
나이 먹는다
(서로 기댄 채 피어있다)

어머니 흉내를 내며 나이 먹는다

초판 1쇄 인쇄 2020년 7월 22일
초판 1쇄 발행 2020년 7월 27일

지은이 | 김복성
펴낸이 | 김경옥
디자인 | 류요한
펴낸곳 | 도서출판 온북스

등록번호 | 제 312-2003-000042호
등록일 | 2003년 8월 14일
주소 | 서울시 은평구 은평로 194-6, 502호
전화 | 02-2263-0360
팩스 | 02-2274-4602

ISBN 978-89-92364-09-6 03810

어머니 흉내를 내며 나이 먹는다

김복성 시집

온북스
ONBOOKS

인당(仁堂)의 화양연화(花樣年華)

아픔을 믿음으로, 슬픔을 글쓰기로,
이기고 다스려 온 귀하고 장한 모습,
이보다 더 숭고한 것
하늘 아래 있을까?

“내 생의 화양연화는 언제였나?” 물었네.
시인의 삶, 현재의 삶이 화양연화 아니라면
세상에 그 어떤 것이
그것이란 말인가?

한없는 희생의 삶, 끝없이 주는 삶이
영원히 가치 있는 최고의 삶인 것을
새 세상 시작하는 날
감격으로 알리라.

사반세기 길다 해도 영원에 비해 보라.
눈 깜짝할 사이요 한 찰나에 불과하니
영원한 상 주시리니
하루하루 이기라.

고난의 한 올 한 올, 서러움의 한 줌 한 줌,
시(詩)로 읊고 수필로 써 눈부신 보석 됐네.
받으라! 만강(滿腔)의 축하,
우리 모두의 갈채를!

2020. 5. 8.

남 대 극

(국제문인협회 부이사장)

목차

2부 인생의 반쯤은 느닷없이 찾아온다

3부 이유있는 아픔이어라

4부 생사를 넘나드는 당신보다 나는 하루 더 살아야

1부

봄꿈을 다시 피우기 시작한다

백일홍 환상

진분홍 진노랑 백일홍 두 송이
숲속 산책길 모퉁이에
다정히 피어있다
무리를 떠나 후미진 곳에서
여러 날 꿈꾸는 밝은 표정이다
사막에 피어난 들국화처럼
누구도 거둘 수 없고 가꾸지 않아도
서로 기댄 채 피어있다
귀한 백일홍 두 송이를
헝클어진 내 머리에 옮겨 심어
꿀을 끌어안고 벌떼를 기다린다

꿀이 없다

꽃들이 간절하다
조용히 산 기도하는 두 모습
길가에 핀 하얀 이팝 꽃들은
두 손바닥 벌려 하늘 향하고
산등성이 새치로 핀 아카시아꽃들은
고개 숙여 화들짝 피어 기도한다
꿀 찾아 헤맨 꿀벌
꿀이 없다 벌 꾼도 속이 탄다
하얀 조팝꽃 봉오리에 벌이 웅성인데
조팝꽃엔 꿀이 없다
벌만 윙윙거리는 텅 빈 봄 들판

이른 봄의 민얼굴

교복 입은 군락지에
빨간 립스틱 여학생들의 여린 입술들이
둥둥 떠다닌다
잎도 봉오리도 없는 몸뚱이들 붉은 장미 매혹에
가짜 빨간 꽃을 입술에 물고 서성인다
성급히 내민 얼굴들이
무리에 뒤지지 않고 싶은 심산이다
강하게 보이고 싶지만 약해 보이는
예쁜척하지만 설익어 씁쓸하다
고로쇠 수액을 품어 올리는 이른 봄
하얀 자작나무의 민얼굴

일벌

길가에 핀 하얀 조팝꽃 사이
꿀벌들이 웅성인다
텅 빈 꽃 속을
조심조심 파고드는 꿀벌무리
새벽 불빛에 붐비는
속이 탄 일벌들
인력센터 입구에 웅성인다

꽃 한 송이

붉은 영산홍 연분홍 복사꽃
폐경에 안면이 홍조된 늦게 핀 한 송이
모진 겨울바람 온몸으로 밀어내고
겨울잠 투정부린 풀벌레 달래주며
봄꿈을 다시 피우기 시작한다

연리목 앞에서

비단자락 휘어 감긴 병풍바위에
천년신화 노래에 목을 뺀 거북바위가 있다
구장 폭포의 장단에 애절하게 울린
판소리 가락과 물보라에 맺은 두 나무 인연
물안개 속에서 천년의 수액을 나누며
긴 긴 세월 길목을 지키는 수호천사

거꾸로 바라보고 산다

모두 예쁘고 고운 색은 아니다
깡마른 나목들의 껍질 속에 벌레를 품고 있다
어릴 적, 중년, 말년 제각기 수난의 물결들
탈 없이 자란 큰 나목의 끝 휘어진 가지들도
견디고 이겨 낸 자연의 화합이다
거꾸로 바라볼 때마다
내 어깨에 힘을 빼고 어느 신성에 서 있다
큰 나목과 나목 사이 작고 어린 나목들
조용히 낮은 자세로 예쁜 꽃을 피운다
뿌리는 새 옷을 갈아입혀 여린 줄기 밀어 올려
크고 작은 나목들이 하늘만 바라본다
하늘도 거꾸로 바라보고 있다

25년 전 장마

비가 나를 감싸준다
구름 속에서 잠깐 내민 얼굴
일 분간 눈부신 만남이다
병실 창밖 잠시 비친 햇빛에
신호대기 건널목에 꽉 찬 사람들
내겐 반나절 내리퍼붓는 비가 더 시원하다
유리창에 내 눈물이 흐르는 길이 비친다
눈물이 홍수 되어
내 안의 너부러진 조각조각을
삼키고 먼 동해로 떠난다
구름 사이 내민 얼굴 일 분의 반가움보다
오히려 긴 장마에 내 눈물이 씻긴다

갈대꽃

곁에 아무도 없이 스산한 날
나는 너를 만났지
내 몸 하나 기댈 수 없을 때
여기저기 흔들어 펼쳐준다
갈대꽃에 가슴과 얼굴을 파묻고
추운 겨울을 녹인다
갈대나무야
너를 만나고 갈증이 더 심해
이십 년 해마다 눈을 뗄 수 없다
또 겨울이 오면
갈대꽃 이불을 덮고 녹이며

Never Give Up

모두 지나가는 산책길에서 일어난다
낙엽 속에 숨어 수군거리는 제비꽃무리
시멘트 길 틈에 민들레 한 포기가 기지개를 켠다
바위를 자로 재듯 괴암을 제작한 나무 한 그루
푸른 잎에 풍성한 가지들이 신난다
몸통이 부러져 죽은 나무 밑동 숨 죽은 가지에
기생하는 풀 한줄기의 여유
내 키의 세 배 높은 절벽에 이름 모를 넝쿨들
치열한 질서의 무승부다
그 옆 지금까지 왕 묘소를 지킨 검은 석비들
수천 번 죽고 죽은 충성스런
신하 돌비들을 고려 보문각이 말하고
두 한옥 제각이 세대를 지키고 있다
언제부터인지 소리 없이 흐른 세심 대
괴암괴석에 한줄기 물길이 쉴 새 없다
용이 불을 품고 하늘로 올라간 터를 지나
깊은 숨, 몰아쉬며 용화산에 오른다
모두 Never Give Up

두툼한 손바닥 쪽 밭

버려진 자투리 쪽 밭
깡마른 시래기 한 움큼 쥔 시린 손
삼월 진달래꽃으로 곱게 단장시킨
어머니 손바닥에 김 서린 쑥 범벅
망초꽃, 달맞이꽃이 피어있다
쪽 밭 가랑이를 붙잡는 칠월
고구마 도라지 상추 토마토 가지
소복이 쥐고 있는 손바닥
땅뙈기 땅따먹기로 동네 사람들이
평소 어머니 좋아하시던 것만 한 움큼 올려놓았다
토란잎 그늘에 머릿수건 풀어 땀 닦고
햇고추 보리밥 갈아 삭힌 열무김치에 밤고구마 새참
두툼한 손바닥에 유기농상추쌈밥상을 차리고 싶다
너무 뒤늦게 알아차린 어머니 입맛
쪽빛이 비친 쪽 밭에 년 두 번 상추씨를 뿌린다

솔아

이리 휘고 저리 휘어
험난했던 너의 길
온 힘 다해 견디었구나

오랜 세월
온 천지 사계절
푸르디 푸르도록 지키는
푸른 솔아

모진 눈보라에도
함박 눈꽃으로
얼어붙은 입술 함성 터지게 한
너만의 비밀
솔아

서로 맞바꿉니다

오래전부터 억새꽃 갈대꽃을
일란성 쌍둥이 손녀들처럼 구별하기 어렵다
바다 옆 야산
추운 겨울 솜이불 풀어헤쳐
나긋나긋 반기며 마음까지 덮어
끊임없이 흐르는 겨울의 역동이다
봄을 부르고 보내며 온몸 소진할 때까지
은밀히 피워내는 갈대꽃과 억새꽃
서로의 삶을 맞바꿉니다

살짝 들어 보세요

지나가는 허름한 길목에
노란 호박꽃들이 눈에 띄어요
연한 줄기가 끌고 가는 긴 넝쿨
씨만 뿌려놓고 아무 보호막 없이도
말없이 충실히 살아가요
거칠고 후미진 정원을
줄지어 밝힌 환한 호롱불들
더 가깝게 들여다보니 불끈 쥔
알을 품고 있어요
꽃봉오리 밑에 작은 알
커다란 호박잎 밑에 큰 알을 깊숙이 숨겼는데
누군가 호박범벅 잔치에 찾아낼 것 같아요

바다이고 싶다

창가를 두드리던
작은 빗방울들이 부서지고 떨어져
땅속으로 스민다
긴 동행의 시작
잠시 뿌리와 뿌리를 뿌리치고
땅끝 먼 넓은 바다로 떠난다
다른 빗방울과 수많은 가면의 막을 뚫고
먼 길 세찬 파도에 모래성이 부서져도
모래 둔 턱을 세워 다시 시작하는 빗방울

열애

하얀 구절초 작은 꽃무리
초가을 빛 코스모스 품에 안겨 있다
잔잔히 하늘거린 미소
푸른 호수의 눈빛에 빠져 힐링한다
입술을 맡기고
그 품에 오래 안기길 바라며
부딪치는 숨소리의 화음이 흐르는
꿈에서 깨어나 설렘이 식지 않는다

목련이라는 어린 학

스며든 꽃샘바람에 어설픈 잠을 깨운다
유리창 밖
목련나무에 어린 학들이 무리지어
병실을 기웃거리며 아침 인사를 하고
날개짓으로 신록의 연서를 써서
잃어버린 봄을 물어다 보내준다

사월의 꽃눈과 눈꽃

하얀 커튼 사이에 때아닌
꽃눈과 눈꽃이 조용히 함께 내린다
촛불 위 허브티 향기
주인 친구 서리 내린 머리에 시들지 않는
눈꽃과 꽃눈이 피어있다
한 친구는 사진 찍느라 바쁘고
사월의 꽃눈을 시샘하는 눈꽃
우린 동화 속 주인공들이다
헤이리 북 카페 창에 동심이 서리고
고장 난 몸뚱이들이 시샘한다

흰나비 여행

깊은 밤 열린 문틈으로
부러진 날개에 붙들린
숨 가쁜 소리가 들린다
이불로 뒤덮고 귀를 막으려다
하얀 홑이불을 양 날개에 달아
베개를 끌어안고 텅 빈 하늘로 날아간다
들꽃에 앉을까
질퍽거린 습지의 풀잎에 앉을까
길거리를 맴돌며
향기에 역겨울 때
어미 나비 빛을 찾는 새끼 흰나비를
꽃샘바람이 허공으로 떠밀어낸다
날개가 풀어져 지친 흰나비
천일홍 백일홍 다알리아 판초가 보이는
어릴 때 작은 꽃밭에 내려앉는 우물가
수양버들 아래 어미 나비 기다린다

부활초

롤러스케이트장 가장자리에
커다란 화분의 한 그루 나무 그늘에
가늘고 긴 목으로 봄의 점화를 한다
머리에 무거운 연분홍 꽃 세 송이를 이고
비를 부르는 바람에 흔들리며
너무 이른 봄 긴 목으로 피어난 신비
어릴 적 발목이 붙잡혔다
여리고 가느다란 고개 내밀어
살얼음 깨고 애잔하게 피어오른
가끔 꿈속에서 본 어머니 얼굴이
연분홍 부활초 꽃봉오리에 보인다

쉬고 있는 달

밤 10시 남해안 길을 돌면서 뜻밖에
맑고 밝은 얼굴을 만난다
서서히 바다 위로 솟아오르는
11월 울트라 슈퍼 문
나와 가장 가깝게 동행한다
내가 태어나기 한 달 전 출연했던
68년 만의 특별한 달이
캄캄한 밤바다에 넓은 은빛 고속 길을 연다
밤새껏 돌아서 중국에 도착한 새벽달
잠시 전깃줄에 쉬고 있단다
지구 한 바퀴 회로 따라
남북 교차점인 한강
강변 고층아파트 옥상에서 남북을 바라본다
광화문 수많은 촛불과 태극기 행렬에 빛을 잃고
인왕산 능선에 앉아 눈을 감고
지금, 깊은 명상에 빠진다
양극 숙명을 아는 환한 민얼굴이

현관문 여는 순간 어두운 응접실에
나보다 먼저 깊숙이 앉아 쉬고 있다

민둥산

구름 덮인 민둥산을 피해서
떨어진 별똥별들이 백만의 촛불 되어
가발과 가면의 제작자를 찾는다
모여든 촛불들이 광장의 은하수가 되어
별똥별의 물결들로 파도를 일으킨다
한낮 썰물에 쌓인 모래톱이
새벽녘 밀물에 말없이 사라진다
가면과 가발을 녹이는 촛농
바람이 부서진 모래성의 불씨를 나누어
민둥산에 별똥별이 빛난다

2부

인생의 반쯤은 느닷없이 찾아온다

빨간 입술

빨간 장미꽃 입에 물고
고등학교 정문에서 줄지어 나온다
갓 피어날 애송이들
학교의 펜스를 넘어 세상을 기웃거린다
친구 따라 얼굴에 환하게 분칠을 하고
강하고 예쁘게 보이고 싶어
안간힘 다해 서성인다
갓 피어난 빨간 장미꽃도
울다 웃다 반복 피우고 시들면
자작나무의 하얀 생 얼굴이 좋아질까

가시 옷

머리에 하얀 뭉게구름이 피어난
간밤의 폭우에 푹 젖은 마마들
한옥 대궐에 태풍을 끌고 입성한다
닭백숙에 가슴속 가시가 푹 녹아진다
태풍을 잠시 가라앉히고
서삼릉 주변을 한 바퀴 돈다
호신용 굵은 가시 옷에
주변 나무들이 찔린다
사라진 실바람을 불러들어
또다시 가시 돋친 옷깃을 흔들어대니
남은 나무들 가시 옷에 떨고 있다

내 귀의 아지랑이

엄마란 무게보다 너무 무거운 노인네
아무리 무거운 저울추라도 가볍게 오를 것이다
어릴 때 유학시절 보살펴 준 할머니 푸념은 늘
양로원 가겠다는 내 귀의 아지랑이
그때는 그곳이 먼 무지개 별장인 줄 알았다
일찍 그녀는 청상과부 교회 다닌 이유로
시댁을 떠나야 하는 백삼십 년 전 희비극의 주인공
육이오 사변 세 살 때 그녀의 등이
낮게 뜬 비행기 소리 유리창 떠는 소리,
깜깜한 굴속, 나의 피난처였다
먹을 것을 오빠에게 더 주거나
잠자던 오빠 머리 위를 지나가면 호통해도
페미니스트인 할머니는 늘 든든한 내 편이다
얼마 전 골프만 즐긴다는 죽마고우가
소통이 가능한 구십 이세 노모를 모실 자식이 없어
요양원에 모신다고 한다
엄마는 가라앉고 수면에 떠 있는 노인네 무게는

무거운 저울추라도 여지없을 것이다
일제기 어린 엄마는 이제 미운 노인네
노후대책 없이 아낌없이 주는 나무가
유치원 대신 노치원 졸업 후 요양원 입학이다
이제 처음 가는 고령의 피안길
아직도 내 귀의 아지랑이다
이사한 그곳에서 무슨 꿈을 꿔야 하는지
여기가 좋은 척 자식들 안심시키고
아지랑이 보따리 들고 빈방의 추억여행 떼쓰며
멀쩡한 정신에 비굴해지면 어쩌나

반숙란에서 태어난다

어머니 흉내를 내며 나이 먹는다
반숙란에서 끌려나온 주름 깊은 어머니
귀가 아프게 남은 어머니의 욕설들
“없는 것도 발견할지언정 있는 것도 못 찾느냐?”
“연설하네” 욕이 아닌 훈육으로
별 감동 없이 맛없는 욕들에 귀가 열린다
가마솥 밥에 그린 십자가를 휘저어 푼 콩밥을 먹이고
늘 밥상머리에서 성경을 읽어준다
세계를 한 바퀴 돌아 정수된 긴 기도의 생수를 마시고
반숙란을 먹고 손에 요절쪽지를 쥐고
바쁘게 외출한다
“눈 밝을 때 책 읽어라” 며
호롱불빛 책장에 떨어뜨린 눈물방울
말 못 한 가축을 식구보다 먼저 챙기고
엄한 시어머니에 신여성 시누의 세 자녀들까지
라이브 찬송 부르며 뮤지컬 주인공의 고달픔을 달랜다
지금도 들리는 새벽 종소리 치던 거친 손

평소에는 일복 교회 갈 때만 치장하는
독립운동의 뿌리 깊은 여학교 출신 신여성이다
연결고리를 풀어가는 기억의 조각조각들
나는 점점 무독성 어머니 맛을 흉내 내며
반숙란에서 다시 태어난다

Born again

이십삼 년 전 회오리바람에
쓰러진 오십오 년 된 나무
사월 이십일 부러진 사지에
천근만근 무거운 옷을 벗고
삼 개월 갓난아이로 강보에 누워있다
잠잠 잠 도리도리 도리
목청껏 코카콜라 랄랄랄라 혀를 구르고
두 다리도 세워본다
뇌 기능의 손상으로
회오리의 심한 어지러움에 방향을 잃고
천근만근 무거운 몸이
다시 태어난다, Born again
강보를 벗겨 흐르는 눈물 닦으며
두 다리 세우기를 시작한다

레시피

전문요리 방송을 즐긴다
소금 한 꼬집, 까나리액젓 두 스푼,
맛술 한 스푼, 참기름 큰 스푼
햇김치 동태조림 감자볶음 감칠맛 나는
알짜비법을 학습한다
코믹 맛을 살린 창작비법으로
맛있게 살고 싶다
나는 전통 레시피에서 비법을 찾는다
잊어버린 기억을 띄엄띄엄 연결하는
'적당히, 거시기, 정성'이란 양념에
짭짤한 손맛이 알짜비법이다

가족화를 보며

(카프리 라손 그림)

망초 꽃밭 속의 단아한 소녀
그런 누이가 그립다
빛을 뿜어내는 별 하나
너무 빠른 속도를 잠시 멈추고
개망초의 야생 꿈이 피어나는
그곳에 머물러 쉼을 얻는다
멋지고 큰 그림이 아니지만
어린 사내는 어렸을 때 오빠
뒷동산에서 숨바꼭질하다
우린 첫사랑 엄마 젖가슴을 찾아간다

삼월 미운 오리할미

롤러 스케이트장에 눈이 살살 뿌린 날
색색 목도리와 털모자를 쓰고
시멘트 계단에 둘, 넷, 여덟, 열둘… 매일 모인다
모아온 스티로폼박스 뚜껑을 깔고 줄지어 앉은
미운 오리할미들
전깃줄 참새들처럼 기억의 한 토막들을 재잘거린다
흐린 날씨에 흐릿한 눈빛들
일에만 익숙한 시골 노인이 도시에서 추억 여행 중
보조기구와 함께 바람 햇빛 시간을 쐬고 있다
고로쇠 수액을 흘리는 이른 봄의 꿈
분홍 흰 자주 보라 빨강 운동모에
꽃무늬 바지를 입고 봄 나비를 기다리며

매서운 조교

55살에 되돌린 20년 전 영유아를
수용 어려운 수용으로 끌어안는다
종, 하녀, 보모의 행선지를 모른 체
공주병이 치유되고 장애아이 엄마가 된다
매서운 조교와 악처로
어딘지 모른 종착역을 향해 재활여행을 떠난다
죽은 뉴런은 버리고 살아남은 뉴런을
훈련과 교육으로 소통의 시작이다
나 홀로 패키지여행의 꿈을 꾸미며
강에 강, 약에 약해진
소리 없는 눈물이 꿈을 새 꿈으로

아이가 된 노인 이야기

가장 낮은 자리 구유에서
타이머신을 타고 구세주를 기다린다
먹고, 싸고, 말하고, 숨 쉬고, 서기와 걸음마를 배우러
휠체어를 탄 아가들이 모여들어
코에 호스를 낀 코끼리 게임에 자전거를 타고
예루살렘성전 문 앞에서 큰소리칠 것이다
"주님 불쌍히 여겨주소서" 라고
다른 중풍환자들도 물리치료실에 줄지어 모여든다
진보라, 연보라, 분홍, 흰, 빨간 촛불의 성화가
켜지는 날
캐럴송에 타이머신을 타고 치료의 선물을 받으려고

고령(高齡)이라는 죄목

롤러 스케이트장 관중석에
고령자들이 하얀 스티로폼 뚜껑에 앉아있다
주황 빨강 보라 검정 분홍 모자를 쓰고
매일 참새 떼처럼 줄줄이 모인다
누가 찾아오나 기다리며 기억의 한 토막토막
빛바랜 태양 아래 바람맞으며 쉴 새 없이 이어간다
곁에 보조기와 지팡이도 조용히 기다리는 데 익숙하다
지나는 길옆에서 보따리 푼 얘기가 들려온다
피붙이에서 사돈네 팔촌까지
가볍게 계단에 올렸다 내렸다 재밌게 놀다 떠난다
이어 아이들 롤러스케이트 태우러 온 엄마들이
모인다
무지개 꿈과 정보를 두셋이 도란도란 나눈다
시모인지 친모인지 고령(高齡)이란 죄목으로
옥쇄까지 끼워
계단에 내렸다 올렸다 무겁다 한숨 소리다
노인네가 운동한다 안 한다, 잘 먹는다 안 먹는다.

잠만 잔다 아니다, 정갈하다 아니다, 건강하다 아니다
이것저것 기준 없는 죄목을 지고 처음 가는 여정
젊디젊은 노인잔치에 귀 기울인 시절 보내고
고령자는 알 수 없는 피안길로 향한다
침묵과 고요 속에 온 밤 끙끙 노래하려
입심만 대물림하고 보조기와 집으로 돌아간다

두 나무의 인연

겨울 산책길 이름 잃은 두 나무
오래된 인연인 양 부둥켜안고
칼바람에 남은 잎들 떨고 있다
오르막 두 갈래 길목을 고집스럽게 버티고
땅속 깊숙이 줄달음쳐 뻗어냈을 뿌리
저 높은 허공을 향해
서로 벌거벗고 엉켜있는 가지들
처음 맺은 청실홍실이 얽혀진 채
한 나무는 시계 방향으로 삐져가고
또 한 나무는 반대 방향으로 휘감겨
커브 길에서 다 큰 새끼 나무에 지탱한다
수백 년 미운 정과 고운 정
뗄 수 없이 살갑게 엉켜있다
동고동락한 두 나뭇가지 꼭대기에
짝지을 산새들이 둥지를 틀었다

작은 손수레

쪼그마한 꼬부랑 할머니
작은 손수레에 끌려간다
새벽부터 구석구석 동네 한 바퀴
손수레에 빈 박스 몇 개
햇살에 비친 희미한 눈망울이다
부러질 듯 기역자로 굽은 허리와
나무껍질이 그려진 깊은 주름이 출렁인다
폐품처리장에서 갓 나온 털모자를
헝클어진 머리에 뒤집어쓰고
두툼한 옷에 묻혀 끌려간다
손때도 땀도 사연도 가리고
작은 손수레에 가볍게 끌려간다
텅 빈 습지 한구석을
검은 숯으로 불 피울 작은 손수레

메노포즈

반갑지 않은 손님이
인생의 반쯤 느닷없이 찾아온다
온몸에 명품으로 치장한 여인들
몸의 열기에 몸부림을 친다
가려운 곳을 긁어대며
갱년기 보따리를 풀어내는 광기
빈 구멍을 채우려 분주하다
노래와 춤으로
사춘기와 사추기가 한 길이 되어
울고 웃다 폭발한다
무대 '메노포즈'
뮤지컬 주인공이 나를 묻어버린다

은행나무

가을빛 가을 소리에
비우고 채우는 자태를 읽는다
마음에서 마음으로
천년을 버텨 낸 은행나무 앞에 서 있다

긴 세월 지키고 바라보며
침묵한 오랜 친구로 잠시 동안
함께 속이 부스러진다

상처를 끌어안고
지팡이를 의지하는 두 손을 보며
서로의 가슴을 쓰다듬어 준다

마마님들의 한옥 탐방기

머리에 하얀 꽃을 이고
간밤 폭우에 주름 깊어진 마마들
한옥 대궐에 태풍을 끌어안고 입성한다
닭백숙에 웃음 띤 환한 얼굴
서삼릉 의령원 한 바퀴 돌며
태풍이 잠시 쉬고 있다가
가슴속에 자라나는 가시가
마마님들 몸속을 비집고 나온다
끌어낸 호신용 가시에
주변 나무들이 찔린다
서리 내린 머리에 검정 꽃을 피우려고
가시바람 남기고 서둘러 사라진다
남은 나무들이 가시에 떨고 있다

안개꽃 우물가

그녀는 종일 입술을 잠근다
해갈시킬 마중물 한 방울 없이
어금니로 삭힐 수 없는
사각거린 모래만 씹는다
찢기고 썩고 애태운 침묵에 공격당하며
어둠을 헤맬수록 새벽이 밀려 나간다
숙성기간에 갇힌 언어 구두쇠
입안에 곰삭은 안개를 토해내며
속 갈피를 한 장씩 넘겨본다
자물쇠를 열어 출산시킨 그녀의 가족들이
안개꽃 우물가 군락지가 되었다
멀리 피어있던 안개꽃들도
점점 더 빛이 흐릿해지고 있다

12시 민들레꽃

그림자가 없다
남쪽에서 북쪽 태평양 너머까지
붉은 민들레 흰 민들레 피고지고
땅이 밟히지 않은 발이 걸어 다닌다
바로 비친 태양열에 눈이 부셔
방향을 잃고 중심을 잃는다
언니는 삼 년 그의 친구는 이 년
지인은 넉 달 그의 친구는 십 개월간
그림자에 비치던 후광이 사라진
직사광선에서 피고 진
12시 민들레꽃

금수저 든 강아지

자식에 대한 불만이 쏟아지고
강아지에 대한 칭찬이 아끼지 않는다
취향에 맞게 훈련된 강아지
머리만 커지고 가슴이 안 보인다
복종에 밀착되어
사랑한 만큼 사랑을 나누며
주인만큼 부에 호화를 누리고 산다
개 엄마 강아지 맘은 업고 안고 모시고
백여 벌 옷장에서 명품 옷에 액세서리 단장하고
가족사진 찍고 족보에 등록한다
종교도 의사도 존중한다
강아지 맘(Mom)은 교회에서 기도
개는 절에 가서 불공드린다
유모차에 최고급 승용차를 타고
금수저 든 강아지 생일잔치에
온 가족 용돈과 선물, 유산에 행복하다
개의 일생에 끼어든 인생인가

인생에 끼어든 개의 일생인가

사람과 사람 사이 독차지한 넓은 공간을

거룩한 경청

무임승차 중이다
십 년 위아래를 두리번거린다

Holy listening 경청한다
Holy listening 들린다
무엇이든 할 수 있다고
위에서 이 나이를 부러워한다
그렇게 늙고 싶다고
아래서 이 나이를 그리워한다
부러워하고 그리워하는 거리에서
지나간 언어들을 섞어 듣는다

Holy listening 다시 경청한다
Holy listening 다시 들려온다
경로석에 앉아서
젊은이들이 깔깔대며
사차원의 언어를 흘린다
Holy listening 상상의 시선으로 경청한다

레버리지 포인트*

비장애인이 장애인이 된다. 비우고 참고 소외당하면서 레버리지 포인트*의 선물을 받는다. 심호흡으로 시원히 내보내는 화장실에서 나의 자동시스템 기능을 발견하면서 불감증의 일상을 깨닫는다. 콧줄을 삽입하여 먹고 숨 쉬고 관장하고 약물로 잠을 자는 물리적으로 살아가는 힘든 환자를 보며 너무 많은 것을 소유하고 있는 내게 감사라는 새 움이 싹트기 시작한다. 죽음, 상실, 분노, 우울이 천진한 어린아이로 퇴행한 남편을 통한 나의 숙성기간이었다. 이리 휘고 저리 휘어진 소나무에 힘없이 휘어진 내 그림자를 포개본다. 마음이 가난한 복 있는 길에 서 있고 싶다.

* **레버리지 포인트** : 상황을 변화시킨 작은 변화

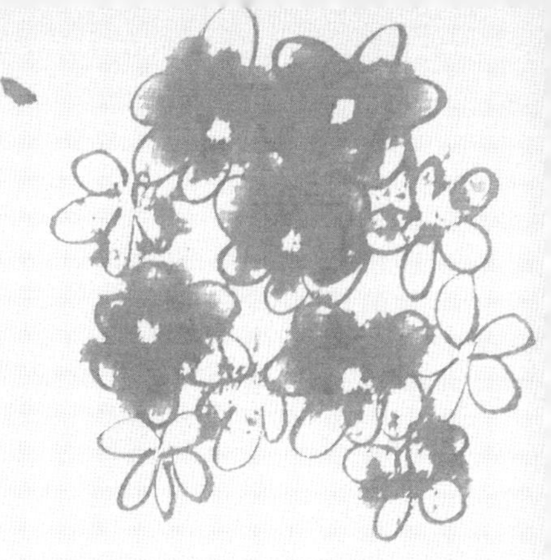

3부

이유있는 아픔이어라

달력 한 장 붙들고

삼월이 사월로 넘어간다
간밤에 긴긴 다리를 건너왔네
바로 뜯어낼 달력 한 장
버리면 지난 육십 고개가 넘어버리고
걸어온 길 활짝 피워내는
삼월을 부둥켜안고 망설이네
4월 12일을 넘어가려는 육십 고개
그대로 벽에 걸어 놓고
십 년 전을 다시 되살리고 싶은데
다가올 십 년이 문턱 넘어 기다리니
달력 한 장 붙들고 망설여지네

탈출

반쯤 열린 문틈으로
들숨날숨 신음소리 들려오는 밤
베개에 머리를 붙이고
홑이불 날개 삼아 나풀거리며
긴 시간 번데기에서
밤 나비 되어 탈출한다
흰나비로 묘에 나타났던 어머니
새끼나비 어미나비 찾아 먼 길을

출렁다리

이른 아침 친구의 급한 전화에
시간을 쪼개 만든 변이형 일정이다
콩나물 인파를 태운 출렁다리를 건너오는 길
헤어진 후 영양가 없는 시간들이
계속 출렁이며 바닥으로 떨어진다
엿가락처럼 늘어져 바로 일어서지 못하고
먼 길 돌고 돌아온 카톡에 쌓인 멀티소식통들이
밑바닥에서 멀미하고 있다
다리 건너간 안부들도
제자리걸음으로 멀미 중이다

어떤 연산

물고기 없이
-, +, S, s로 덮치는 너울성 파도
스멀스멀 이안류가 모래톱에 밀려든다
천천히 모래톱 온도가 올라간
바다의 사막이다
시작에서 결과는 멈추지 않는 물결과 물결
바다에 수증기 바람이
밀물과 썰물로 흔적 없이 쓸어간다
잠 못 이루는 밤
징검다리 방어벽을 몇 번 건너야
큰 파도 헤엄칠 기적을

휠체어 댄스

해마다 저 보도블록이 새 옷을 입는다
감긴 몸을 늘리고 울퉁불퉁 웃으며
비음에 맞춰 길 위 휠체어 댄스를
가슴을 밀어내고 끌어당기고
온몸의 근육을 흔들어댄다
휠체어 손잡이 붙들고 벨리댄스를
비틀거리는 바퀴와 미끄러지듯
신나는 막춤을 추기도 한다
해마다 새 옷을 갈아입은 보도블록에
뽈나는 휠체어의 울퉁불퉁한 댄스
우리 해탈을 누리며 함께 춤추실까요?

치열한 옹벽

산책하는 길, 언제나 높은 옹벽에
조용하고 강한 일들이 어김없이 벌어진다
옹벽 밑동에 깔린 흙에서 낮게 기어간 호박넝쿨이
온갖 잡초를 덮치며 힘차게 뻗어가고
옹벽을 마주한 빨간 줄 장미도 펜스를 넘나들며
쉴 새 없이 영역 다툼에 가시 돋친다
봄 마중 나온 노란 개나리꽃들이 독차지한 옹벽을
신록 옷 갈아입혀 봄을 치장한다
시샘한 장발족 칡넝쿨들이 온 힘으로 끌고
어김없이 옹벽을 점령한 개나리를 덮친다
남몰래 새 옷 입고 조용히 바라본 소나무 거친 껍질에
기생하던 담쟁이도 옹벽 점령에
돌아온 길 돌고 돌아와 여간해서 절망이 없다
여린 잎줄기를 앞세우는 야생의 질서
모두 강한 생명들의 기다림
언제나 초심을 잃지 않는 치열한 옹벽의 화합
이유 있는 아픔일 것이다

두 배의 그 날

마법사가 보내준 사진
일란성 쌍둥이 손녀와 첫 인사하는
두근거린 두 배의 기쁜 날
1월 6일 쌍둥이 소나무 위에
함박눈이 소복소복
축하의 설화가 피어오른다
귀하고 신비한 선물에
임신 소식부터 두 배로 분주하다
해나, 유니스 두 볼에 뜨거운 키스와
신의 축복이 소복소복 쌓인
설화 다발을 만들어 마법사에게 보낸다

돌섬이 외치다

한 점으로 내려다보인 돌섬의
심장 소리가 들린다
긴긴 세월 홀로 서서
파도와 맞장 치며 밤낮을 지킨다
바람이 쉼 없이 쓰다듬어주고
수많은 별들과 하늘이 마주해준다
잿빛 치마 흰 저고리
유관순 옷을 갈매기도 입었다
태극 알을 번식하며
바다의 지휘에 따라 파도가 외치는 돌섬
청옥하늘 대신 구름이 눈비를 훔친다

멀티 호수

낚시 바늘에 신호가 왔다
대어를 기다리며 주파수를 놓지 못할 때였다
인어를 겨냥하지만
친절한 잡어들만 잡혔다
작은 광주리 안에 교란이 일어나는데
낚시꾼의 낮은 분화는 마냥 즐겁다
끝없이 이뤄지는 낚시놀이에
사느냐 죽느냐 불신이 일어나고
멀티 호수의 잔잔히 흐르는 물결
클릭에서 클릭, 일 초 만에 요동친다

다시 얼리며

마당 한가운데서
눈싸움을 멈추고 눈사람을 만든다
온몸을 굴려서 눈뭉치에 표정을 만들고
아이들과 사진을 찍는다
뒤엉킨 한 가족 발자국들만 남기고
언젠가는 눈 덮인 고요에서
그 사진을 기억할 것이다
쌓인 눈을 녹이고 다시 얼리며

걸작

나에게 바닷물이 넘실거린다
특수자동시설까지 설치
작지만 완벽하게 공급되는
생산체계를 갖춘 만물 대기업
연중무휴 극한 작업 중이다
오감을 육감으로
파도와 춤을 추는 걸작

돌아온 파랑새

잃어버린 반쪽 날개 붙여달라고 돌아온 파랑새
어느 날 예고도 없이 작은 둥지 버리고 날아가
해산된 가족들 방향을 잃고 그 자리에 멈췄다
걷지도 서지도 날을 수도 없이
시간도 모른 체 반쪽 접힌 날개 퍼덕이며
재활 자전거로 세계여행 놀이를 한다
창문을 세차게 두들기며 쏟아진 긴 장맛비
눈물의 홍수로 순식간 휩쓸어간다
텅 빈 비단 둥지에 곰팡이와 나방이가 자리 잡았다
가슴 저민 비상의 나날
반쪽 잃은 십여 년 구름이 계속 덥혀준다
포장이 녹아진 눅눅한 자리에
잃어버린 것 대신 버팀목이 자라난다

구원

출구 없는 깜깜한 터널에 서 있다
내게 비친 실 빛
오직, 그 강한 빛을 향해
따라나선다
나를 인도한 실 빛의 연금술

모처럼

흐릿한 낮달과 빛바랜 태양보다
더 강렬한 내 시선이
유리창을 뚫고 볼록렌즈와 오목렌즈를 뚫고
세상을 회전시키고 사람을 회전시키고
사물을 뒤집어 보던 날에
'해븐 포인트'란 간판이 뒤 차창을 뚫고
백미러에 들어왔다
내 앞을 달린 낡은 봉고차 뒤 차창에
구름 사이 나타난 청명한 하늘을 가득 싣고
바쁘게 운반한다
모처럼 청옥 같은 하늘을 바라보며
미세먼지에서 탈출한 내 시선

동반장애

백미러 속에 감정을 미리 넣어둔다
주일예배 참석하느라
교회 앞 도로 승하차할 때마다
앞뒤 차량 기사들의 욕설과 삿대질로
먼저 세례를 받는다
뒷좌석 머리들도 좋아한다
동반장애의 시린 모습을 백미러에 접수하고
휠체어에 침묵의 무게를 싣고
수도사의 길을 저속으로 운전한다

늑대몰이

식욕이 좋아 부들부들 떨고 있다
굶주린 늑대의 눈빛 열기가
곳곳에 산불을 낸다
순식간에 밀려 번지는 하마의 불길에
동굴 속에 얼굴만 숨긴다
힘없이 부러지고 떨어져 잘리고
늑대들을 태운 불씨의 파편들이
덫에 걸린 기억들을 태우고
잔열이 다시 큰 산불을 불러낼 기미에
소방대원들이 대기 중이다

악수

긴 시간 속에 구멍이 커가고 있다
서로 상처를 주고받는
가는 날실과 씨실의 실타래가 엉키고
엉킬수록 풀어낼 수 없어
버릴까 떠날까
제야의 종소리를 카운트다운하고
머물까 시작할까
영신 기원을 끝낸 후 내민 손이 있다
손바닥과 손바닥 사이에
쌓인 비밀을 다 넣을 수 없어
구름 속에 숨어 뜨는 일출에 손을 내밀어
풀무질한 샘물을 올려 손을 씻는다

분리수거

쌓인 먹을거리와 옷가지들
온갖 소품들의 포장지가 더 풍성하다
꼼꼼히 분리해 이별 잔치하는 날
쌓인 내 쓰레기를 버리질 못한다
나는 쓰레기공장이다
소유욕에 비해 부족한 나눔
재활용이 안 되는 물컹거린 단점과 실수들
음식쓰레기 봉투에 분리수거하고 싶다
순간 불멸이라는 생각에 더 꼼꼼히 분리해보니
벌써 재활용했거나 재활용 할 수 있는
존재가 아직 남아있다
언제든 분리수거 할 수 없는
깊숙이 흐른 핏줄 나의 소중한 가계도

내 안에 너

내 안에 너
언제나 치열한 앙숙 사이다
변화에 내 발목을 붙잡고
늘 내 그림자를 뒤따른다
서로의 대립에 충돌한 세력
잠들 때만 고요히 혼연일치한다
선과 악, 악과 선
약에 강하고 강에 약한
광기의 욕구에 콩닥거린 가슴
시작과 끝의 발걸음을 서로 감시당하며
나는 늙어 가고 내 안의 너는 착한 아이
강에 강하고 약에 약하고
함께 질주하며 동행하는 여린 내면의 아이

가면 파티

민얼굴 담은 거울 앞에서
여러 가면을 써 본다
반은 해, 반은 달의 가면으로
지구 한 바퀴 돌아본다
별들의 신화를 넘나든 비극과 희극을
가면과 가면은 느낌을 모른다
반은 흰색, 반은 검정
검은 가면에 늘 유혹을 당한다
맑은 거울 속에도
숨긴 정체로 활개 친 어떤 허상들
가면무도회장을 휘젓고 다닌다

뇌파

뇌파검사의 작은 공간
채널의 창을 고정시킨다
통역이 안 된 새소리 들리는 숲속을
함께 걷고 싶은 사람을 생각한다
친밀하고 때로는 냉정하게
거기 있을 때조차 그리운
입술과 이마를 마주 대고
기도할 수 있는 신뢰의 패턴으로
가까워도 먼 시냅스 형성을
수녀의 고요한 뇌 파장으로 억제시키고
녹색의 잔잔한 영상이 대변한다
다가갈 수 없는 멀티영상에서
내 안의 뇌는 행복하다

11월

마지막 한 장을 들춰보며
아직 풀지 않은 짐을 풀어 놓고
시간을 작게 쪼개고 더 잘게 부수어 본다
오고 갈 골목 막다른 곳마다
로드 랩 지렛대 하나씩 꽂아 놓고
신년 초에 촛불을 녹이며 다짐한 각오
먹먹한 마음에 다시 단단히 조여 본다
서둘러 내려가는 단풍의 기운과
눈부신 석양빛 햇살에 몸을 녹이고
해야 할 일에 골몰해 본다
이미 찬바람이 겨울 이삿짐을 실어와
이제 먼 봄날의 이삿짐을 맞이할 준비를

4부

생사를 넘나드는 당신보다 나는 하루 더 살아야

조립형

언제부터 줄 곳 내 손으로
조립 건물을 짓는다
묵묵히 자를 들고 무엇인지 재보며
벽과 벽의 틈을 폭 넓이와 높이
목재와 목재 사이를 가늠해 본다
그때그때 닥치는 대로
못을 박아 감정을 걸어 놓고
눈앞 닥친 일에 따라 짓고 부시고
점에서 점을 이어 새 설계를 살핀다
지금 휴식 공간을 배치하려는데
부품이 부족하다
늘 내 몸이 공구이고 건축 자재
대문 밖 접시꽃이 나를 지켜본다
나를 어디에 옮겨 놓을까

붉은 넝쿨장미

철부지 어린 소녀 젖가슴처럼
건드리면 아플 듯
만지면 터질 듯
수줍고 탱탱하게 속수무책 솟아오른다
대낮에 줄기를 타고 번져가는 불길
초경하는 아씨처럼 붉은 꽃잎으로
펜스 너머 기웃거리는 마력
발을 멈춰 만져보고 숨을 들이켜
조심히 입술을 포개본다
누군가를 계속 유혹하려다 지쳐
붉은 꽃잎을 바닥에 쏟아내고
피를 토해 요절한 서러운 붉은 장미

백로

집채만 한 봉분들이
낮은 울타리도 없이 호젓하게
한 살림 가득 품고 침묵한다
사립문 뚫어 방문하고 싶은 나는
풀어놓은 강아지처럼 서성인다
매일 아침 문안드리려
긴긴 세월의 전통 사모관대 입은 후손들과
주변 소나무들이 줄줄이 고개 숙여 지킨다
화사한 백일홍 꽃들이 즐비하게 마중 나와
기와집 하룻밤을 초대한다
어둑어둑 봉분의 주인 얼굴을 모른 체
뿌리를 지키는 소나무 위
보름달이 여물어 간다
아주 오랜 대 선조핏줄을 이어간 백로
여름을 매듭지며 추석을 기다린다

강제철거

병풍처럼 둘러있는 병풍산 끝자락
강제철거로 아파트건물 그림자가 누워있다
능선과 능선 사이 어디부터 어디까지인지
아주 오래전부터 작은 물줄기가
바위에 샛길을 내며
용이 불을 품고 떠난 연못을 만들고
끝없이 용화산 계곡을 지킨다
파닥거린 심장을 다독이며
내린 천 물살을 만나려 분주하다
심장 주변 여러 공들의 선조묘비에 육백 년 동안
몸과 마음을 다해 충성한 돌비들
그 심장 위 먼 인수봉이 바라다보이는 병낭을
강제 철거당한 까치는 울다 떠난다
얼굴 한번 본 적 없이 동거한 이별
재개발한 꽃바구니에 먹이를 담아서
매일 기다린 까치는 소식이 없다

무허가

이천 세대 이어진 건물에
번식된 버섯처럼 작은 집 하나 붙어있다
실외기 굵은 호스와 벽 사이 공간
견고한 구조의 무허가 건축물이 들어섰다
이른 아침을 깨우는 알람
새 소리를 매일 들으면서도
집들이 초대는 알아듣지 못했다
오랫동안 같은 주소에 동거해온 새
가시나무 가지 크고 작은 나뭇가지들이
흙으로 실하게 엉켜지은 집 한 채
무허가 건축물 철거 잔해들이 한 자루다
가장 높은 곳에 숨겨 둔 작은 둥지를 껴안고
깊이 숨긴 알을 내가 대신 품고 있다
빈번히 창밖을 다녀간 집 잃은 새
창밖에 그림자만 아른거리다 날아간다

앞집 남자

저녁 인사 후 방문을 열어놓고
긴 밤 앞집 남자 심하게 코 고는 장단에
에로틱한 잠이 든다
한 달 전 말없이
호수 안쪽 구부러진 낚시터로 이사 간
앞집 남자를 그녀는 공개 구애한다
혹 전화나 카톡을 기다리며
수시로 열어본 셀폰은 무소식이다
전화 못 받는다는 녹음뿐
와이파이나 모바일 데이터양이 제한된
그는 신기루의 높은 하늘에 긴 여행 중이다

멀리서 잠깐 천국 구경

마네킹처럼 침대에 반듯이
누워 있는 동안
멀리서 잠깐 천국 구경을 하고
돌아온단다
천국 가는 길을 몰라
아내와 서로의 눈물을 숨기며
펑펑 울던 육십 대 그녀의 남편
지금 아내는 애도 기간
암기된 남편의 시심을
정신없이 흐르는 눈물로 반죽해서
꿈에라도 만나려 멀티출력 시킨다

관망대 2

이틀 동안 꽃 속에서 기억을 끌어내 배려의 눈빛으로 다정히 반기던 모습이 오늘은 유리창 너머 애통하는 자식들을 뚫어져라 바라보는 싸늘한 시선이다. 내려지는 검은 커튼의 경계 밖에 서 있는 딸 셋의 범벅인 눈물콧물들 온몸이 뜨겁다. 검은 커튼이 다시 걷어지며 빗자루로 쓸어 모은 쓰레받기를 들고 "잘 부셔드리겠습니다" 직원이 인사한다. 자동 가속분쇄기에서 맥없이 부서진 회색 가루를 긁어모아 작은 나무상자로 다시 가족 품에 안긴다. 산 자들의 폭발한 울음소리가 그치고 생존의 경력들이 연기로 흩어지는 1, 2, 3, 4, 5호 관망대 모두 조용하다.

관망대에서

1호부터 5호의 좁은 복도
사람들이 즐비하게 서 있다
유리창과 창 사이 움푹 페인 3호 관망대 앞에 서서
알 수 없는 가사들에 무거운 곡조
간절한 고별기원의 웅성 이는 울림뿐이다
성경을 읽고 설교를 하고
전통곡조로 신부와 신자들이 서로 화답하고
두 손을 올려 축도하고
종소리 맞춰 법문으로 공을 들이는 스님
'천국에서 만나자~' 합창
각 호실 관망대마다 장엄한 음률들이 간절하다
산 자들이 죽은 자를 위해
신성한 저 세계, 천국 길을 간구하는
바램이란 불화음의 울림이다

한 생을

높고 깊은 산골짜기 사이에
쉼 없이 흘러내려간다
돌멩이와 작고 큰 바위들에 부딪히고
커브 길을 회전하다 잠시 쉬고
드넓은 먼 바다를 향해
열심히 흐르는 좁은 계곡물이다

생사기도

생과 사를 넘나든 당신보다
하루라도 더 살아야 된다고
아니, 10년을 더 허락해주시라고
신께 기도드렸지요
이제야 잘 익은 맛으로
해준 것도 받을 것도 없이
젊음과 노년을 다 쏟으며 분주했던 일
늘 미루던 여행을 다시 미루며
아직 당신의 참 안식 할 때까지
잘 지켜야 하는 간절한 기도지요

죽음을 위한 스펙

비구름의 신비에 싸여 하룻밤을 보낸다
무거움은 비우고 가벼움은 살리고
언제라도 찾아올 외로움을 즐긴다
죽음의 스펙들을 계곡에 쏟아붓고
고갯길 따라 숨 가쁘게 오른다
몸무게를 비우며 오르던 산 능선
빌파트의 우후죽순 큰 숲이 시야를 가린다
부수고 다시 높이 세우는 치열한 게임들
산에 두고 내려온 심적 알리바이가
모서리 산바람에 부딪쳐 날아간다

새벽 기도

어머니 치던 새벽 종소리가
숨죽여있는 나를 깨운다
미소 짓는 달이 들여다보는
끝없는 공간 속에 오직 한 점
보이지 않는 존재다
숨 쉬는 나를 끌어내고
잠자는 너를 깨우고
분신과 주변을 읽어낸다
지금부터
영혼의 영원으로
오늘과 내일을 모두 신에게

대숲

낮게 깔린
비구름이 머물러있다
지난밤 사각대며 속삭이더니
칼바람에 유연하게 춤을 춘다
한 해 한 해 비우고 세우며
비밀을 담아 매듭지며 성장통을 한다
굽힘 없이 단단하게 곧은 지체를
더 높이 하늘로 쑤욱 밀어준다
숲을 가른 햇살에 어린 죽순이 흉내 내는
대숲에서 구부러진 내가 보인다
나를 매듭짓고 반듯이 세워본다

김밥천국

김밥들이 행복하다
바쁘게 만져 주고
통통하게 밥과 반찬을 넣어
둥글둥글 조심스럽게 쓰다듬어 준다
얄따란 김도 조심스럽다
꼭꼭 씹어 꿀꺽해버려도 아프지 않다
너를 위해 바다에서 여기까지
김밥 만든 아줌마 이름도 김밥 먹는 사람 이름도
갑자기 만나 이루어진 관계다
김밥은 잘 알고 있다
모두의 만족이 천국이라는 것을

마네킹

육중한 일상을 벗어나
마네킹으로 누워있다
잠시 구경하고 돌아온 새 세계
천국 가는 길을 모른다
목사님을 찾는다
내 구주 예수를 여러 번 반복하며
구절 마디마디에 '아멘'으로
천국 가는 길의 합주가 들린다
영생의 길에 들어가는 간구의 울림
유리 벽 사이 마네킹을 보며
아내의 눈물이 마르지 않는다

환자 옆에서 환자 되기

막막한 터널에 서 있다
내게 향한 강한 실 빛
이가 아리고 머리카락이 빠지고
몸이 혁명을 일으킨다
흰 가운 입은 주치의 한마디
다시 소낙비가 내릴 비상사태다
급히 입을 검정 옷이 대기한다
다시 병실로 돌아온 남편
반복한 재활교육에 서로 몸부림친다
칠순을 넘어버린 나는 극한작업
여전히 공주병 치료 중이다

4·16 작은 불씨들

안개 자욱한 아침 바다
사나운 물살이 하늘과 마주친다
눈물비 쏟아진 바다에 뿌려진 작은 불씨들
먹먹한 가슴에 불을 지핀다
막힌 고막이 터지도록 고함을 치며
어둠의 베일을 벗어내려
숨죽여 피어오른 붓꽃들이
애련하게 눈부시구나
행여 넓은 바다 품이 무섭거든
성난 파도와 춤을 추고
험한 물살 마주치거든
어른들의 짜디짠 피가 흐르는 해일을 타고
은하수와 못다 한 여행하면서
달 동무와 하루에 한 번 만나보자
이 세상 출구에서 마지막 불렀을
'엄마' '엄마, 엄마'
화사하게 피어나는
천만년 억만년 노란 붓꽃으로
엄마 가슴에 밝은 불빛 밝혀다오

빈 둥지

약속도 없이 파고든 달빛
그 빛을 끌어안고 몸을 녹인다
빈 둥지를 들키고 싶지 않아
소파에 잠시 동안 몽롱하게 앉아있다
긴 세월 투병의 하얀 침대
하얀 가운 천사들의 보살핌에 묻혀 사는 동안
내 가로등은 정전 중이다
잠시 들린 빈 둥지에 가득한 달빛
달이 먼저 알아차리고 지키고 있다

어떤 외조

남편을 21년간 하는 간병
뒤섞인 퇴행과 발달을 만지작거린다
꿈이 사라지고
보모의 외길만 걷는다
먹고 싸고 걷고 말하기의 재활여행
무서운 조교 노릇과 악처 노릇
죽음을 기다린 짧은 시간 동안
그의 잘못이 눈 녹듯 사라지고
곶감 말리듯 줄줄이 매달린
내 잘못들 낱낱이 이름표 달아 말린다
오래 썩지 않고 더 다달하다

내가 사는 빈집

가로등이 정전 중이다
모든 비밀번호도 사라져 버렸다
냄새가 날 듯한 오래 빈집을 전전하며
천천히 찾아 나선다
아직 숨 쉬며 굴러가는 낙엽 따라
방향 없이 길을 동행하는데
돌아가자는 말도
돌아가야 하는 길도 흐릿하다
오래 붙들고 참으며 살아가기에
낡은 책꽂이에 낡은 사진들만 바라본다
후회도 사라진 풍경들만 남아서
무릉반석에 두 발로 서 있다
센서 카드로 열리는 자동장치일 뿐
노크하면 문을 열어 줄
그 사람은 여기에 없다

잃어버린 손 전화 1

내 입술을 맞대고 광기를 부린다
누가 바라보든 말든 어디서든
여행도 함께 침대도 함께
네 안에 나의 전부를 넣었다
다시 만나기 위해 달래고
충전하던 너를 불러도 응답이 없다
나의 전부를 잃고 마비된 정신을 풀고
잃어버린 너를 복제하려고
알뜰 폰 검열 중이다

잃어버린 손 전화 2

나의 분신인 양 품고 살다가
떠나버린 너를 찾아 헤맨다
마음 골 깊이 숨겨두지 않아
다리가 후들거리고 가슴이 두근거린다
배신당한 것처럼
온몸이 적막이다
할 일 잃은 두 엄지와 빈 손바닥
지구 한 바퀴 소식이 공방이다
대답 없는 멀티 짝사랑

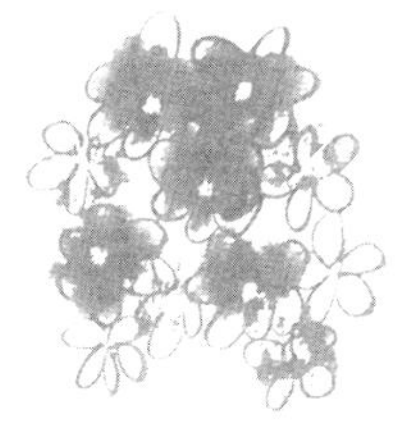

내 생의 화양연화에 피운 것들

1

내 생의 화양연화는 언제였을까? 또래 지인들은 50대가 생애 제일 좋은 시절이라 한다. 지인에게 오십 대에 무엇이 좋았는가? 약간의 반발심으로 물어보기도 하지만 나는 그 시기의 언급에 있어서는 조용해질 수밖에 없다.

죽음과 삶의 기로에서 극적인 상황을 겪는 매우 힘든 시기였다. 아이들을 위해 나름 열심히 살았던 나였지만 유학 중인 아이들을 방치하게 될 정도로 비상의 엄청난 시기였

음으로 구구절절 말할 기력조차 없다.

나는 막 쉰이 되었고 남편은 쉰다섯이었을 때 남편에게 뇌졸중이 왔다. 남편은 그로부터 전신마비 상태에서 차츰 불치의 편마비 진단으로 10년의 병원생활에서 그 후 13년의 투병하는 시기다. 좌절과 상실감에 어찌해야 할지 방황과 고독, 이길 수 없는 고통스런 감정을 노트에 낙서하며 나의 홀로서기가 시작되었다. 문외한이기에 멋진 글도 아닌 그 낙서는 심적 위안이 되었고 나의 현실을 환기 시키고 정화 시켜주었다. 나의 불행한 요인의 심리적 정신적 치료로 바꾸는 체험을 하게 된 것이다. 이제 그 기록으로 시집 한 권을 묶으려다 보니 고통이라는 감정표출의 기표가 시가 되었고 스스로의 성찰 계기가 된 것 같아 그 시기에 대해 새로운 의미를 느끼게 되었다.

이 시들은 장애 2급 뇌졸중 후유장애 환자를 1998년 4월부터 현재까지 23년 이상 간병하는 보호자의 몸부림이나. 병원치료만 의존하며 약물 복용과 신체적 치료에만 집중하는 상황에서 점점 심리적, 정신적인 압박으로 이어지던 이중적 고통을 감당할 수 없었던 시기의 얘기다. 어떤 준비나 경험도 없었으니 갑작스러운 충격으로 상실과 좌절에 대한 절망뿐이었다. 유학 중인 딸과 아들에 대한 지원의 삶이 정지되고, 정상적인 삶이 쪼개지는 아픔을 겪는 가운데, 진행해오던 사업까지 무력해졌다. 의료진의 입만 주시하며 긴장과 두려움에 시달렸다. 예측할 수 없다는 부정적인 말은 죽음을 대기하라는 선고로 생각하고 검정 옷까지 준비하며 하루하루를 버티고 있었다. 생과 사의 위기에서 삶 쪽으로 상황이 전환되면서 재활치료를 하지만 죽음에 대한 대비는 계속 연장되었다.

이런 위기에 대해 대처 능력이 부족하여 만성피로에 시달리게 되었다. 병원생활에서 확실한 생존 모드의 대처 방안을 알지 못해 불안하고 우울하였다. 환자의 질병이 내 탓인가하는 죄책감도 컸으며 뇌가 손상된 장기 중증장애자를 보호하며 앞으로 어떻게 살아가야 할지 삶에 대해 자신도 잃었다. 차라리 환자와 함께 죽음을 생각해본 일도 있었기에 늘 두세 번 죽었다 다시 살고 있는 심정이다. 나의 주변은 차츰 떠나는 사람이 많아졌으나 가깝게 다가오는 소수의 사람은 언제나 희생이라는 무기를 장착한 사람들이라 그것 또한 마음의 빚으로 얹혀졌다.

2

막막하고 답답한 심정을 노트에 옮기는 글쓰기는 위급 상황에 잠시라도 숨을 돌려주는 휴식이었으며 고통을 극복하게 해주는 힘이었다. 그뿐만 아니라 어떤 안정감을 느끼게 하는 치료적 도구였다. 또한 나의 시 쓰기와 더불어 우울증이 심해진 남편환자에게도 기도일기를 시작하였다. 그러다보니 환자의 정신적인 고통이 차츰 안정되었고 나의 간병역할도 여유로워졌다. 보호자와 환자는 마치 동맹관계 같았다.

생과 사를 넘나든 당신보다
하루라도 더 살아야 된다고
아니, 10년을 더 허락해주시라고
신께 기도드렸지요
이제야 잘 익은 맛으로
해준 것도 받을 것도 없이
젊음과 노년을 다 쏟으며 분주했던 일
늘 미루던 여행을 다시 미루며
아직 당신의 참 안식 할 때까지

잘 지켜야 하는 간절한 기도지요

– 졸시 「생사기도」 전문

시 쓰기는 언제 어디서나 쉽게 접근할 수 있어 나의 비밀스런 고통을 표현하며 심리적 안정을 갖게 했다. 새로운 환경을 관찰하고 적응할 능력이 재조정되었고 내면이 자유롭고 치유의 변화가 감지되었다. 글쓰기로 환자인 남편과의 소통과 공감은 치료에 영향을 주었다. 그뿐만 아니라 남편에 대해 일방적으로 희생한다고 생각했던 내 마음이 얼마나 오만한 것인가를 알게 되었다. 우리는 서로 머리를 맞댄 백일홍 두 송이였던 것이다. 이것은 나의 일상을 시에다 보고하고 냉철한 시의 독자가 되기도 하다가 얻은 보석 같은 깨달음이다. 그러다 보니 상대에 대한 애정과 기쁨, 그리고 감사, 평온한 마음까지를 덤으로 얻었던 것이다.

진분홍 진노랑 백일홍 두 송이

숲속 산책길 모퉁이에

다정히 피어있다

무리를 떠나 후미진 곳에서
여러 날 꿈꾸는 밝은 표정이다
사막에 피어난 들국화처럼
누구도 거둘 수 없고 가꾸지 않아도
서로 기댄 채 피어있다
귀한 백일홍 두 송이를
헝클어진 내 머리에 옮겨 심어
꿀을 끌어안고 벌떼를 기다린다

– 졸시 「백일홍 환상」 전문

이 시를 쓰면서 우리의 고통이 달디 단 꿀을 만들었고, 우리의 생의 깊이에 꿀이 저장되고 있다는 것을 알았다. 또한 문외한이던 시절 폭설에 쌓여 무거워 처진 푸른 솔가지의 아름다움에 감동을 받은 적이 있다. 이 나무들 보면서 고통을 극복하는 힘든 내 자신을 동일시 생각했다. 큰 희망이 없는 장기적인 간병의 고통이 악처가 되게도 했고 무서운 조교 역할도 하게 했으므로 책임감과 죄책감 또한 눈덩이처럼 커지고 있었으니 이 시를 쓰면서 스스로 위로받은 부분이 컸다.

이리 휘고 저리 휘어
험난했던 너의 길
온 힘 다해 견디었구나
오랜 세월
온 천지 사계절
푸르디 푸르도록 지키는
푸른 솔아

모진 눈보라에도
함박 눈꽃으로
얼어붙은 입술 함성 터지게 한
너만의 비밀
솔아

– 졸시 「솔아」 전문

장기 입원 중에 가끔 들린 내 보금자리는 참 낯설었다. 힘든 간병생활에 지친 외로움을 누구에게 들키고 싶지 않아 전기 불을 켜지 않은 채 앉아 있었다. 그리고 지독한 고독을 조용히 찾아든 달빛을 통해 몸과 마음을 녹이기도 했다. 빈 둥지 같은 내 마음을 달빛이 달래주고 있었던 게다. 하얀 가운의 의료진만 의지하고 묻혀 살면서 필요에 따라 집을 찾을 때마다 외로움과 고독을 시적으로 표현했다.

약속도 없이 파고든 달빛
그 빛을 끌어안고 몸을 녹인다
빈 둥지를 들키고 싶지 않아
소파에 잠시 동안 몽롱하게 앉아있다
긴 세월 투병의 하얀 침대
하얀 가운 천사들의 보살핌에 묻혀 사는 동안
내 가로등은 정전 중이다
잠시 들린 빈 둥지에 가득한 달빛
달이 먼저 알아차리고 지키고 있다

– 졸시 「빈 둥지」 전문

고통 속에서는 나와 가장 함께 계시는 분이 신이었다. 신의 은혜와 사랑을 고통 속에서 발견하게 되고 나약한 나에게는 그것이 큰 힘이고 보약이었다. 신은 고통의 삶을 승화

시킬 수 있도록 이끌어주고 구원으로 이끌어주셨다. 터널 속의 삶에서 실 빛으로 내게 뻗쳐 비추던 신의 인도를 나는 잊을 수가 없다.

출구 없는 깜깜한 터널에 서 있다
내게 비친 실 빛
오직, 그 강한 빛을 향해
따라나선다
나를 인도한 실 빛의 연금술

– 졸시 「구원」 전문

뇌졸중 환자에게 나는 100%로 하인이다. 어쩌다 하인으로 충성을 하여야 하나? 시간이 갈수록 더 힘들어진다. 쉰다섯의 그는 이미 어린 영아로 퇴행했고 나는 그것을 수용하는 일에 전전긍긍하고 있었다. 환자의 신체장애를 위한 힘든 재활치료다. 환자는 안 하고 싶어 공격적이다. 고집이 강한 문제 아이를 대하며 나는 치료회복을 위해 매서운 악처와 조교 역할로 변신할 수밖에 없었다. 아이로 퇴행한 환자에게 학습과 맹훈련을 반복적으로 매일 지속해야 하니까…

55살에 되돌린 20년 전 영유아를
수용 어려운 수용으로 끌어안는다
종, 하녀, 보모의 행선지를 모른 체
공주병이 치유되고 장애아이 엄마가 된다
매서운 조교와 악처로
어딘지 모른 종착역을 향해 재활여행을 떠난다
죽은 뉴런은 버리고 살아남은 뉴런을
훈련과 교육으로 소통의 시작이다
나 홀로 패키지여행의 꿈을 꾸미며
강에 강, 약에 약해진
소리 없는 눈물이 꿈을 새 꿈으로

– 졸시 「매서운 조교」 전문

내 삶의 터닝 포인트는 쉰 살에 있었다. 이때를 출발해서 일흔둘의 노년이 되어버린 세월이 때론 원망스럽기도 하다. 그렇지만 순탄하게 살았더라면 이 한 생을 살 동안 알지도 못했을 성숙의 시간이었다. 비우고 겸손하고 정직해지며 삶의 무게보다 깊이를 볼 수 있는 최선의 삶 속에서 감사와 행복을 경험한 것이다. 영아기의 남편이 유아기, 아동기를 거쳐서 청소년, 청년의 발달과정을 지켜보는 것도 내겐 치료적 보람이라면 행복이었다. 물론 다시 하라면 도저히 할 수 없을 시간들이지만 배우자의 한 인생을 시작부터 함께 했다는 일은 이 세상 누구에게나 주어지는 것은 아니다.

3

시 쓰기는 불행하다고 생각했던 삶에서 하나씩 놀라운 발견을 이뤄내기 시작했다. 신체적 모든 기능이 마비되어 배변까지도 물리적으로 관장하며 살아가는 뇌졸중 후유장애의 힘든 삶을 보면서 대변을 보는 화장실에서 나의 신체의 소 우주적 기능을 발견한 것이다. 그에 대한 감사가 시작되면서 너무 많아지는 감사 조건들이었고 동시에 영성 발달도 이뤄져서 삶에 탄력이 생겼다.

올해 초에 내가 박사과정을 무사히 통과하게 된 것도 이러한 시 쓰기에서 출발했다. 인생 최악의 고통이 시 치료와 문학치료 심리상담사라는 전문가의 길을 걷게 해준 것이다. 이러한 나의 성과들에는 많은 사람들의 도움이 컸다. 전신마비 상태로는 주일 예배 참석이 불가능한 환자를 위해 주일병원 봉사자들의 헌신이 있었다. 그들은 지치고 힘든 보호자까지 편히 쉬게 하고 병실침대나 휠체어로 매 주일 예배 참석하게 하였다. 이 일은 지난날 나를 드러내기에 급급했던 봉사에 대해 매우 부끄럽게 했기에 나의 시는 좀 더 겸손하고 진실해지기도 했다.

내게 시가 없었다면 이 모든 것들이 감동과 울림이 될 수 있었을까 생각해본다. 시 창작을 통하여 투병을 도와야 하는 배우자로의 삶이 무난히 승화의 길을 찾아갔다. 박사 논문을 통과하고 시집을 펴낸 올해야말로 내 생의 화양연화가 아닐까. 뒤돌아보면 아득하고 고단한 삶이었기에 요즘은 이런 나를 토닥토닥 스스로 두드려 주기도 한다. 그래, 오늘도 고단했지? 잘했어! 나야! 내면 깊숙히 감사의 찬양이 흐른다.

코로나19, 점점 강하게 변해가는 바이러스는 온 인류에게 동시다발적이 되고 또 자연의 반란이 일어나는 무시무시한 시대를 겪으며 살아간다. 지금 이 순간, 삶에서 불안과 두려움, 우울증과 신경증을 겪거나 소외된 소수자를 위해 기쁨과 희망을 함께 나누고 싶다.

마음을 쓰고 읽고 말하고 들으며 심리적, 정신적 안정과 치료를 위해 시치료사, 문학치료사로 통합치료를 위한 심리 상담으로 함께 할 것이다.

온북스
ONBOOKS